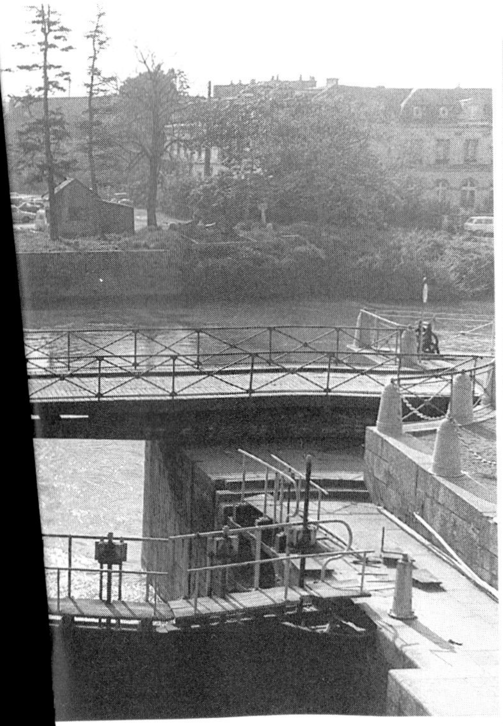
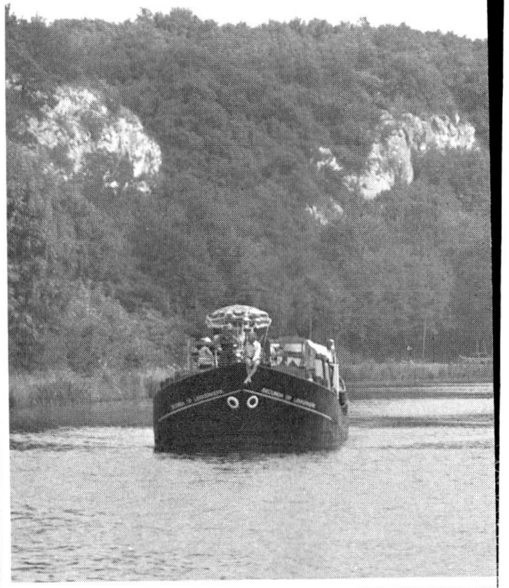
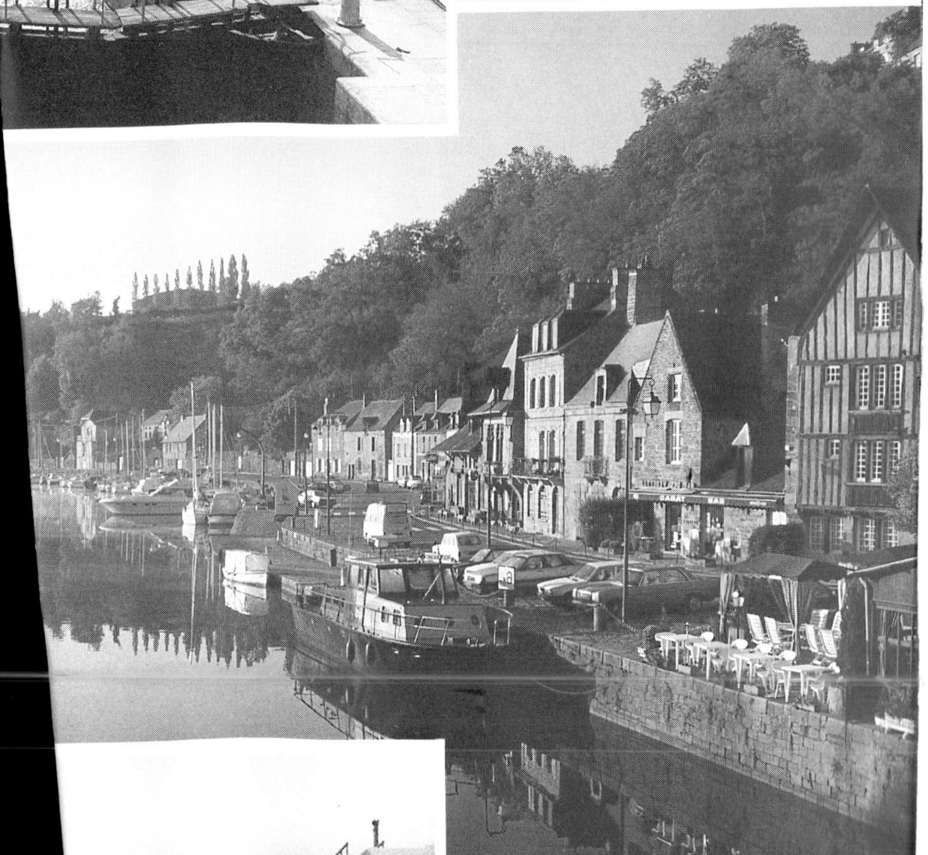
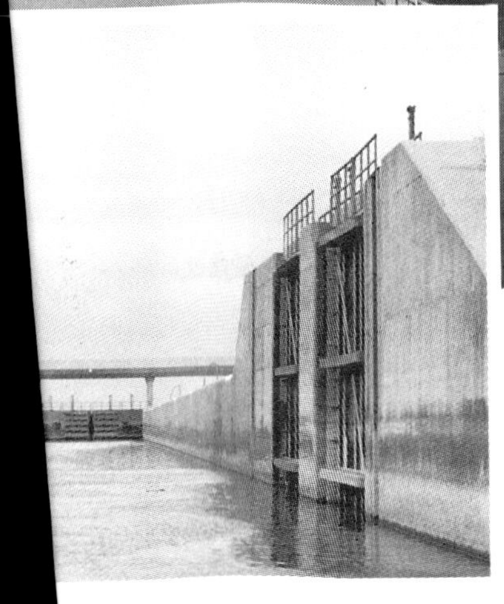

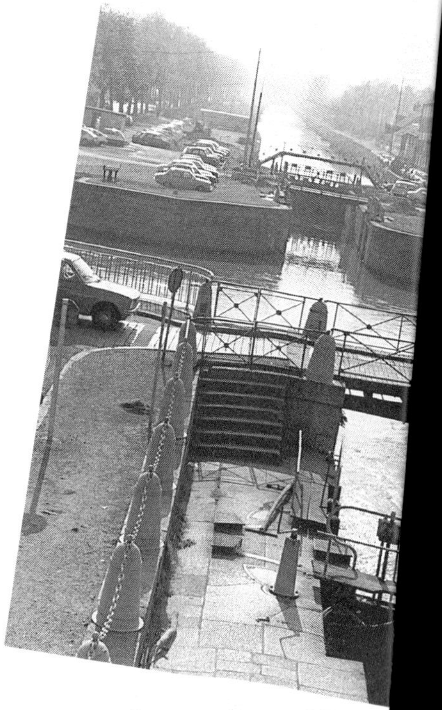

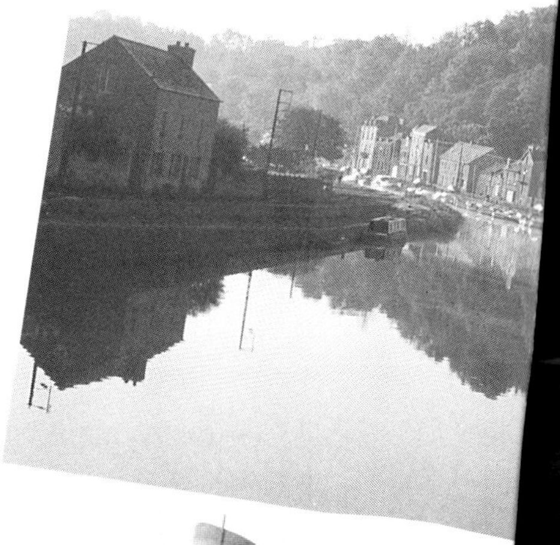

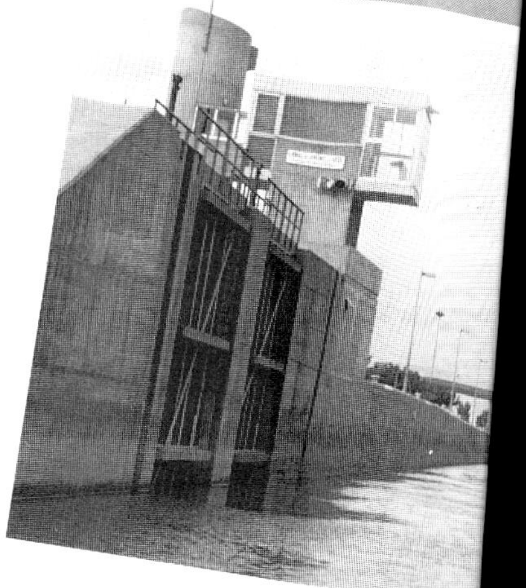